Let's go
스마트폰

# 캡컷(CapCut)으로 트렌디한 영상 제작하기

김수진 지음

아티오
ArtStudio

**Let's go 스마트폰**

# 캡컷(Capcut)으로 트렌디한 영상 제작하기

-------------------------------------------------------------------

2024년 1월 10일 초판 발행
2024년 9월  1일  2판 인쇄
2024년 9월 10일  2판 발행

**펴낸이** | 김정철
**펴낸곳** | 아티오
**지은이** | 김수진
**마케팅** | 강원경
**표  지** | 김지영
**편  집** | 이효정
**전  화** | 031-983-4092~3
**팩  스** | 031-696-5780
**등  록** | 2013년 2월 22일
**정  가** | 12,000원
**주  소** | 경기도 고양시 일산동구 호수로 336 (브라운스톤, 백석동)
**홈페이지** | http://www.atio.co.kr

Let's go 스마트폰 시리즈는 스마트폰을 이용한 다양한 앱들을 좀더 손쉽게 활용할 수 있도록 구성된 도서입니다.

이 책의 장점은 보기 쉬운 페이지 구성과 생활에 밀접한 예제를 통한 이해하기 쉬운 편성입니다. 조작 방법을 하나씩 따라하기 식으로 설명함과 동시에 문자와 사진을 크게 게재하여 중장년층 분들도 보다 편하게 이해할 수 있도록 구성하였습니다.
이 책들을 통하여 스마트폰을 자유자재로 활용할 수 있는 즐거움을 느끼시기 바랍니다.

### 하나! 생활에 밀접한 예제들로 구성
생활에서 실제로 사용 가능한 예제 위주 편성으로 친밀감이 들도록 하여 보다 쉽게 학습한 후 곧바로 응용할 수 있도록 하였습니다.

### 둘! 쉽게 따라하기 형태의 내용 구성
각 기능들을 쉬운 단계부터 시작하여 실습 형태로 따라하면서 자연스럽게 익혀 활용할 수 있도록 하였습니다.

### 셋! 베테랑 강사들의 노하우를 적재적소에 배치
일선에서 다년간 강의를 하면서 모아놓은 보물 같은 내용들을 [Tip], [한걸음 더], [미리보기] 등의 코너를 만들어 곳곳에 배치시켜 놓아 효율을 극대화 시켰습니다.

### 넷! 대형 판형에 의한 넓고 시원한 편집
A4 사이즈에 맞춘 큰 판형으로 디자인하여 보기에도 시원하고 쾌적하게 학습할 수 있도록 하였습니다.

### 다섯! 스스로 풀어보는 혼자 해보기 예제
각 단원이 끝날 때마다 배운 내용을 실습하면서 완벽히 익힐 수 있도록 난이도별로 다양한 실습 문제를 제시하여 복습할 수 있도록 하였습니다.

이 책에서 만든 소스 자료는 아티오(www.atio.co.kr) 홈페이지의 [IT/기술 도서]-[자료실]에서 다운받을 수 있습니다. 다운받을 때는 회원가입하지 않으셔도 됩니다.

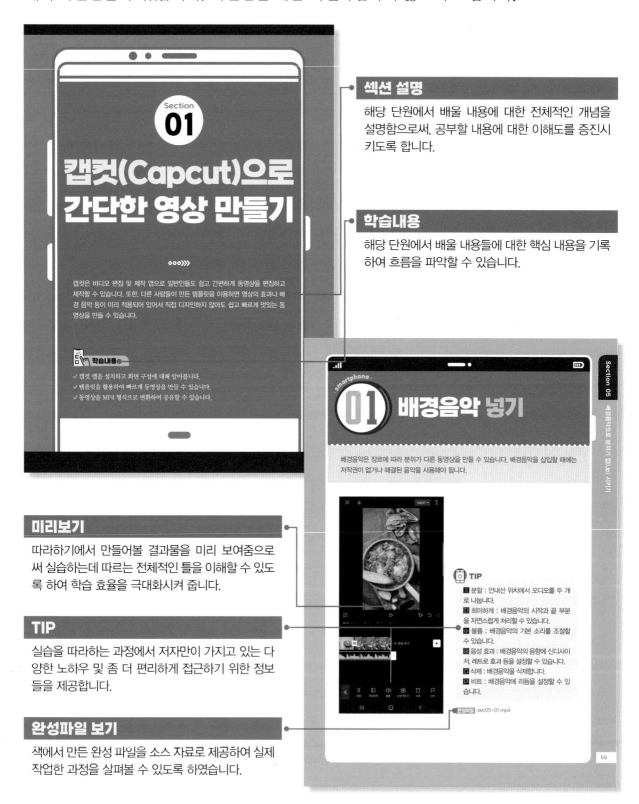

**섹션 설명**

해당 단원에서 배울 내용에 대한 전체적인 개념을 설명함으로써, 공부할 내용에 대한 이해도를 증진시키도록 합니다.

**학습내용**

해당 단원에서 배울 내용들에 대한 핵심 내용을 기록하여 흐름을 파악할 수 있습니다.

**미리보기**

따라하기에서 만들어볼 결과물을 미리 보여줌으로써 실습하는데 따르는 전체적인 틀을 이해할 수 있도록 하여 학습 효율을 극대화시켜 줍니다.

**TIP**

실습을 따라하는 과정에서 저자만이 가지고 있는 다양한 노하우 및 좀 더 편리하게 접근하기 위한 정보들을 제공합니다.

**완성파일 보기**

책에서 만든 완성 파일을 소스 자료로 제공하여 실제 작업한 과정을 살펴볼 수 있도록 하였습니다.

## 따라하기

내용을 하나씩 따라해 가면서 실습하다 보면 자연스럽게 관련 기능을 이해할 수 있도록 구성하여 누구나 쉽게 기능을 터득할 수 있도록 하였습니다.

## 한걸음 더!

난이도가 높아 본문의 따라하기에서 다루지는 않았지만 익혀놓으면 나중에 실무에서 도움이 될 것 같은 내용들을 별도로 구성해 놓았습니다.

## 혼자해보기

**1** 여러장의 사진을 추가하여 사진 클립에 원하는 애니메이션을 설정해보세요.

완성파일 hon04-01.mp4

**2** 동영상에 [편집효과]-[반짝반짝]에서 '별1' 효과를 설정하고 재생 시간을 영상이 끝나는 시간까지 조절해보세요.

완성파일 hon04-02.mp4

## 혼자해보기

해당 단원에서 배운 내용을 다양한 예제를 통하여 실습하면서 확실하게 익힐 수 있도록 실습 문제를 담았습니다.

차례

# 캡컷(Capcut)으로 간단한 영상 만들기

○○○》》》

캡컷은 비디오 편집 및 제작 앱으로 일반인들도 쉽고 간편하게 동영상을 편집하고 제작할 수 있습니다. 또한, 다른 사람들이 만든 템플릿을 이용하면 영상의 효과나 배경 음악 등이 미리 적용되어 있어서 직접 디자인하지 않아도 쉽고 빠르게 멋있는 동영상을 만들 수 있습니다.

**학습내용**

✔ 캡컷 앱을 설치하고 화면 구성에 대해 알아봅니다.
✔ 템플릿을 활용하여 빠르게 동영상을 만들 수 있습니다.
✔ 동영상을 MP4 형식으로 변환하여 공유할 수 있습니다.

# 01 캡컷 화면 구성 익히기

Play 스토어에서 캡컷 앱을 다운로드 받아 설치하면 동영상 편집에 대한 전문 지식이 없어도 멋있는 동영상을 쉽게 편집할 수 있습니다.

 **TIP**

캡컷은 회원 가입을 하지 않아도 누구나 무료로 사용할 수 있는 앱입니다. 다만 캡컷에서 제공하는 1GB의 무료 클라우드 공간을 사용하려면 회원 가입을 해야 합니다.

**1** 앱스 화면에서 [Play 스토어]를 터치합니다.

**2** 캡컷을 검색한 다음, [설치]를 터치합니다.

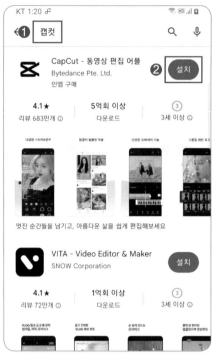

**3** 캡컷 앱이 설치 완료되면 [열기]를 터치합니다.

**4** 필수 항목만 선택하고 [동의합니다]를 터치합니다.

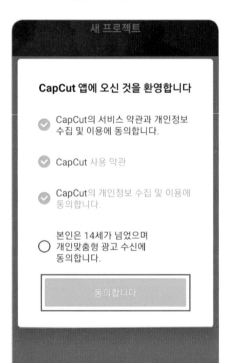

**5** 캡컷 안내 화면이 나타나면 [건너뛰기]를 터치합니다.

**6** [Google로 로그인하기]를 터치합니다.

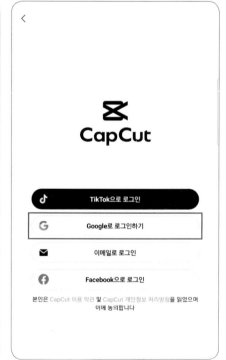

**7** [계정 선택] 창에서 본인의 구글 계정을 터치합니다.

**8** 본인의 생년 월일을 선택하고 [확인]을 터치하여 완료합니다.

**9** 회원 가입이 완료되면 ✂ [편집]을 터치합니다.

캡컷은 누구나 무료로 사용할 수 앱으로, 컴퓨터에서도 편집할 수 있도록 PC 버전도 제공하고 있 습니다.

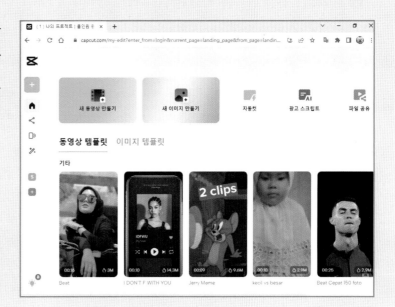

❶ ⑦ **도움말** : 고객 지원 센터 화면에서 제공하는 매뉴얼과, FAQ에서 자주 질문하는 캡컷의 사용 방법을 알아볼 수 있습니다.

❷ ⊚ **설정** : 사용 언어, 기본 엔딩 추가, 캐시 지우기 등 캡컷 환경을 설정할 수 있습니다.

❸ 🖼 **사진 에디터** : 앨범에서 사진을 선택하여 편집할 수 있습니다.

❹ 🔀 **텍스트-이미지** : 키워드를 입력하여 원하는 이미지를 만들어주는 유료 서비스입니다.

❺ 📹 **자동컷** : 선택한 영상의 클립을 분석하여 추천 스타일을 제공하고, 선택한 스타일로 빠르게 영상을 만들어줍니다.

❻ 🖼 **AI 배경** : 선택한 상품이나 인물 사진의 배경을 추천하며, 원하는 배경으로 설정해줍니다.

❼ ∨ **확장** : 영상 편집을 빠르게 할 수 있는 더 많은 다양한 기능을 선택할 수 있습니다.

❽ ➕ **새 프로젝트** : 사진이나 영상으로 동영상을 만들 수 있습니다.

❾ ☁ **클라우드** : 작업한 프로젝트 파일을 백업할 수 있는 공간으로 회원 가입한 후 사용할 수 있으며, 무료 회원은 1GB 저장공간을 사용할 수 있습니다.

❿ ✂ **편집** : 캡컷 화면을 표시합니다.

⓫ ▯▯ **템플릿** : 다른 크리에이터들이 만든 다양한 템플릿을 제공합니다. 원하는 템플릿을 선택하여 빠르게 동영상을 만들 수 있습니다.

# 템플릿으로 빠르게 영상 만들기

많은 크리에이터들이 만들어놓은 템플릿을 활용하면 영상의 효과나 음악 등이 미리 적용되어 있어서 직접 디자인을 하지 않아도 쉽고 빠르게 멋있는 동영상을 만들 수 있습니다.

 **TIP**

동영상 편집을 완료한 후 [내보내기]를 하여 최종 동영상 파일을 만들어야 카카오톡이나 유튜브, 인스타그램 등 여러 플랫폼에 공유하거나 동영상을 재생할 수 있습니다.

**1** 편집 화면 메뉴에서 ⊡ [템플릿]을 터치합니다.

**2** 템플릿 카테고리에서 [브이로그]를 터치합니다.

**3** 브이로그 템플릿에서 원하는 템플릿을 터치합니다.

**4** 선택한 동영상 미리보기 화면에서 [템플릿 사용]을 터치합니다.

**5** 미디어 파일 확인 창에서 [허용]을 터치합니다.

**6** 템플릿에서 요구하는 개수만큼 영상을 선택합니다.

**7** 잘못 선택한 경우 영상 위에 '—'를 터치하면 삭제됩니다.

**8** 다시 영상을 추가한 다음 [미리보기]를 터치합니다.

**9** 완성된 영상이 재생되는 것을 확인할 수 있습니다.

 **TIP**

**⟶ 원하는 템플릿 검색하기**

템플릿 검색란에 키워드를 입력한 후, 동영상에 추가되는 클립의 수나 재생 시간을 지정하면 원하는 템플릿을 검색하여 동영상을 빠르게 완성할 수 있습니다.

# 동영상 내보내기

사진이나 영상을 이용하여 동영상 제작을 완료하면 MP4 파일로 인코딩해야 제작한 동영상을 유튜브, 인스타그램, 카카오톡으로 공유할 수 있습니다.

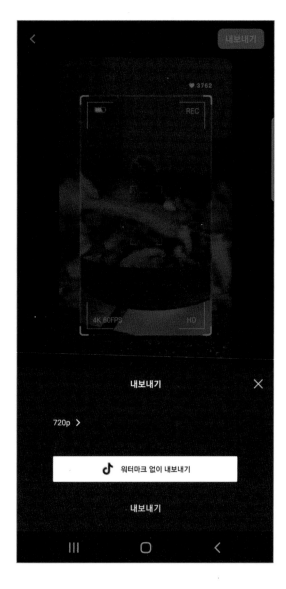

 **TIP**

**인코딩** : 비디오 파일을 변환하는 과정으로, 제작한 동영상 원본 프로젝트 파일을 여러 장치나 플랫폼에서 재생 가능한 형식으로 변환해 주는 과정을 말합니다.

**완성파일** sec01-04.mp4

**1** 영상을 MP4 형태로 변환하기 위해 [내보내기]를 터치합니다.

**2** 내보내기 창에서 [워터마크 없이 내보내기]를 터치합니다.

**3** 영상 내보내기가 시작되면 잠시 기다립니다.

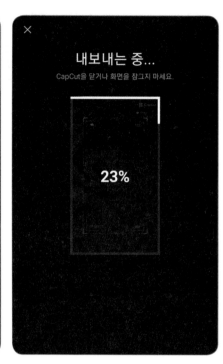

**4** 내보내기가 끝나면 카카오톡으로 공유하기 위해 ⬤[기타]를 터치합니다.

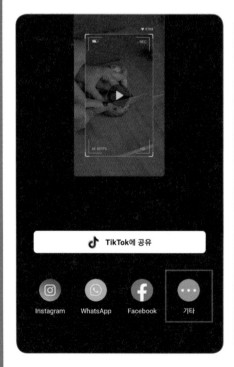

**5** 공유 앱 목록에서 [나와의 채팅]을 터치합니다.

**6** 카카오톡 채팅 창에 내보내기한 영상이 다음과 같이 전송됩니다.

**프로젝트 관리하기**

캡컷에서 동영상을 제작하면 프로젝트 파일이 자동으로 저장됩니다. 작업한 캡컷 프로젝트 파일을 확인할 수 있습니다.

템플릿 옆에 표시된 ⋮ [더보기]를 터치하여 프로젝트의 이름을 변경하거나, 삭제할 수 있을 뿐만 아니라 캡컷 클라우드에 백업할 수 있는 메뉴가 표시됩니다.

- ⌃ **백업** : 작업한 프로젝트를 클라우드로 업로드합니다(유료 회원만 가능).
- ✎ **이름 변경** : 프로젝트 파일 이름을 변경합니다.
- ⧉ **복사** : 프로젝트 파일을 복사합니다.
- 🗑 **삭제** : 프로젝트를 삭제합니다.

**1** 브이로그 템플릿에서 원하는 템플릿에 동영상 클립을 삽입해보세요.

**완성파일** hon01-01.mp4

**2** 완성한 동영상을 재생해보고, 워터마크 없이 내보내기하여 최종 파일을 만들어보세요.

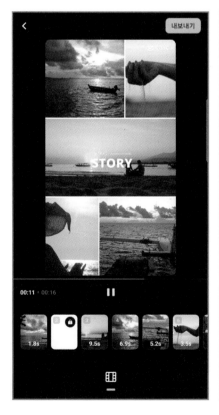

**완성파일** hon01-01.mp4

# 사진으로 영상 만들기

∘∘∘>>>

여행이나 가족, 친구 등의 다양한 일상 사진을 스토리로 만들어 이야기 전개에 맞게 사진을 배치하면서 영상을 만들 수 있습니다.

**학습내용**

✔ 타임라인에 사진을 추가할 수 있습니다.
✔ 비디오 화면 비율과 사진 비율을 맞출 수 있습니다.
✔ 사진 클립의 길이를 조절할 수 있습니다.

# 01 새 프로젝트 만들기

갤러리에 저장되어 있는 사진이나 동영상으로 동영상을 제작할 수 있으며, 타임라인에 영상의 이야기 흐름에 맞게 추가된 사진 클립이나 동영상 클립을 삭제하거나 이동하여 배치할 수 있습니다.

❶ 미리보기 : 작업한 동영상의 결과를 미리 확인할 수 있습니다.

❷ 기준선이 위치한 곳의 시간과 영상의 전체 시간을 표시합니다.

❸ 작업한 동영상을 재생합니다.

❹ 이전 상태로 작업한 내용을 되돌립니다.

❺ 되돌리기 하기 이전의 상태로 되돌립니다.

❻ 미리보기 화면을 전체 크기로 확대합니다.

❼ 사진, 동영상 등이 배치되는 영역으로, 오디오 클립의 길이와 위치를 조정하여 원하는 대로 동영상을 만들 수 있습니다.

❽ 글자, 오디오 등을 삽입할 때 시작점에 안내선을 가져다 놓고 진행합니다.

❾ 영상을 편집하기 위해서 사용되는 도구로, 왼쪽 또는 오른쪽으로 드래그하여 메뉴를 선택할 수 있습니다.

**완성파일** sec02-01.mp4

**1** 편집 화면에서 ⚙ [설정]을 터치합니다.

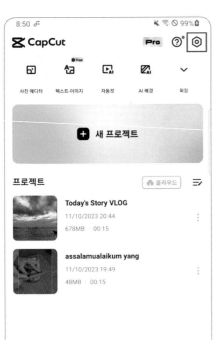

**2** [설정] 화면에서 [기본 엔딩 추가]를 터치합니다.

**3** [삭제]를 터치하고 × [닫기]를 터치합니다.

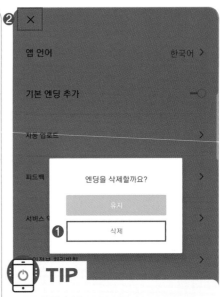

**TIP**

기본 엔딩 추가를 삭제하지 않으면 동영상 맨 뒤에 엔딩 클립이 자동으로 삽입됩니다.

**4** 편집 화면에서 ➕ [새 프로젝트]를 터치합니다.

**5** [앨범] 화면의 [사진] 탭에서 사진을 여러장 선택한 다음 [추가]를 터치합니다.

**6** 타임라인 빈곳을 터치한 다음, ▶ [재생]을 터치하여 미리보기를 실행합니다.

**7** 삭제할 사진이 있는 경우 타임라인에서 사진을 선택 후 🔲 [삭제]를 터치합니다.

**8** 첫 번째 사진 위치를 바꾸려면 첫 번째 사진 클립을 2초 동안 길게 누릅니다.

**9** 사진 클립이 사각형 모양으로 바뀌면 원하는 위치로 드래그 합니다.

**10** 사진을 추가하고 싶을 때는 안내선을 추가될 위치로 이동한 후, + [추가]를 터치합니다.

**11** [앨범] 화면의 [사진] 탭에서 사진을 선택한 다음, [추가]를 터치합니다.

**12** 안내선 위치에 사진이 추가된 것을 확인할 수 있습니다.

# 02 사진 비율 조절하기

동영상의 화면 비율은 가로:세로 비율로 표시됩니다. 가로, 세로 비율이 높을수록, 더 넓은 영역의 영상으로 볼 수 있고, 그만큼 생동감 있는 영상을 만들 수 있습니다. 일반적으로 동영상에서 사용되는 비율은 16:9 비율로 많이 사용하고 있습니다.

## TIP

인스타그램의 릴스, 유튜브의 숏츠, 틱톡은 9:16 비율이 최적의 비율입니다. 또한 인스타그램의 피드는 1:1 비율로 동영상을 제작하는 것이 좋습니다.

완성파일 sec02-02.mp4

**1** 사진 비율을 화면에 맞추기 위해 도구에서 ■[비율]을 터치합니다.

**2** [비율] 도구에서 [9:16]을 터치합니다.

**3** 두 손가락으로 화면을 드래그하여 화면 비율에 맞게 사진 크기를 조절합니다.

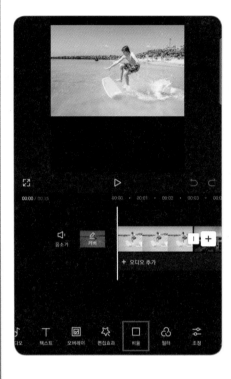

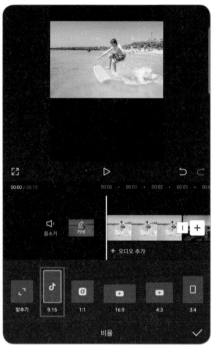

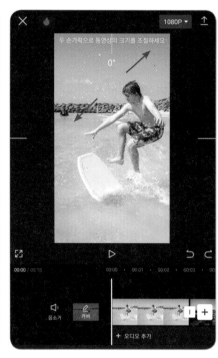

**4** 미리보기 화면의 가운데를 드래그하여 피사체를 화면 가운데 위치시킵니다.

**5** 타임라인을 드래그하여 사진 클립의 크기를 모두 조절하고 ✔[확인]을 터치합니다.

**6** 안내선을 맨 앞으로 이동한 다음, ▷[재생]을 터치하여 결과를 확인합니다.

# 03 재생 시간 조절하기

캡컷의 타임라인에 추가되는 사진의 재생 시간은 기본 3초로 설정되어 있으며, 원하는 시간으로 조절할 수 있습니다.

 **TIP**

타임라인(Timeline) : 동영상 제작을 위해 필요한 사진, 비디오, 텍스트, 음악 등을 배치하여 편집하는 공간입니다.

**완성파일** sec02-03.mp4

**1** 타임라인에서 첫 번째 사진 클립을 선택합니다.

**2** 오른쪽 테두리를 왼쪽으로 드래그하여 1초로 시간을 줄입니다.

**3** 이번에는 두 번째 사진 클립을 터치합니다.

**4** 오른쪽 테두리를 오른쪽으로 드래그하여 재생 시간을 늘입니다.

**5** 같은 방법으로 각 사진 클립의 재생 시간을 조절합니다.

**6** 맨 앞으로 안내선을 이동시킨 후 ▶[재생]을 터치하여 미리보기로 확인합니다.

**한 걸음 더!**

### 앨범 변경하기

새 프로젝트를 만들 때 사진 추가 화면에서 [앨범]을
터치하여 갤러리에 저장되어 있는 앨범을 변경할 수
있습니다.

## 메뉴 선택하기

동영상 편집 화면 아래 표시되는 도구 메뉴는 타임라인에서 선택한 클립 종류에 따라 다르게
나타납니다. 각 도구 메뉴의 왼쪽에 다른 메뉴로 이동할 수 있는 < 또는 ≪ 가 나타납니다.
<를 터치하면 기본 도구 메뉴가 나타납니다. ≪ 를 터치하면 도구 메뉴가 한 단계씩 상위 메
뉴로 이동합니다.

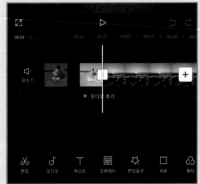
[타임라인 빈 곳을 터치한 경우]

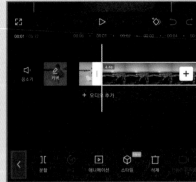
[사진 클립을 선택한 경우]

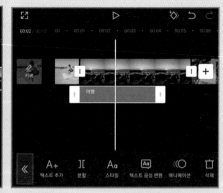
[텍스트 클립을 선택한 경우]

smartphone

## 한 걸음 더!

## 클라우드에 업로드하기

스마트폰에서 작업한 프로젝트를 클라우드에 백업해 놓으면 아무 장소에서나 다운로드 받아 이어서 작업할 수 있습니다. 캡컷이 설치된 컴퓨터에서도 다운 받아 작업이 가능합니다(유료 회원만 가능).

① 편집 화면에서 [클라우드]를 터치합니다.

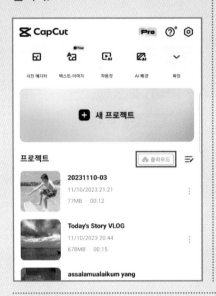

② [클라우드] 화면에서 [지금 백업]을 터치합니다.

③ [프로젝트 업로드] 화면에서 [편집] 탭을 터치합니다.

④ 업로드할 프로젝트를 선택한 다음 [업로드]를 터치합니다.

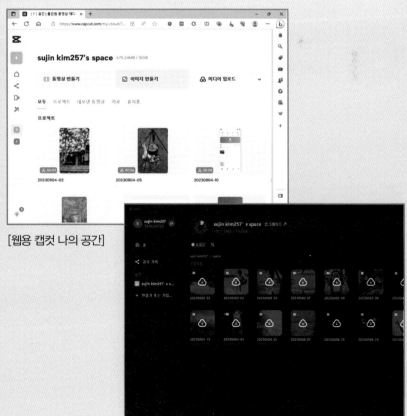

[웹용 캡컷 나의 공간]

[PC용 캡컷 나의 공간]

**1** 새 프로젝트를 삽입하여 갤러리에 저장되어 있는 사진 10장을 타임라인에 추가해보세요.

**2** 타임라인에서 잘못 추가된 사진 클립을 삭제해보세요.

사진 2장을 원하는 위치에 추가하고, 타임라인에서 첫 번째 사진 클립을
세번째 사진 클립 뒤로 이동해보세요.

 사진의 비율을 16:9로 설정하고, 화면 비율
에 맞게 사진의 크기를 조절해보세요.

완성파일 hon02-01.mp4

# 필터와 조정으로 사진 보정하기

○○○≫

사진이나 동영상에 라이프, 질감, 페인팅 등의 필터를 적용하여 이미지를 더욱 생생하게 표현할 수 있을 뿐만 아니라 색감, 명도, 대비 등의 속성을 조절하여 사진의 품질을 높인 다음, 동영상을 만들 수도 있습니다.

## 학습내용

✔ [조정] 기능으로 어두운 사진의 밝기를 조절할 수 있습니다.

✔ 다양한 필터를 사진에 적용하여 분위기 있는 영상을 만들 수 있습니다.

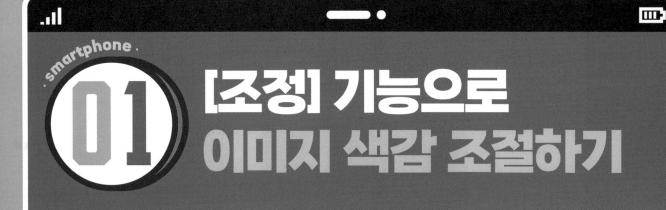

# 01 [조정] 기능으로 이미지 색감 조절하기

이미지의 밝기를 조정하면 어두운 영역을 밝게 만들거나, 밝은 영역을 더욱 밝게 만들 수 있습니다. 대비를 조정하면 어두운 부분과 밝은 부분간의 대비를 높일 수 있어 이미지가 더욱 생생해지고, 채도는 이미지의 진하고 연한 정도를 조절하여 색감을 더욱 선명하게 표현할 수 있습니다.

 **TIP**

밝기, 대비 등의 조정 값을 설정한 후 ↺ [재설정]을 터치하면 모든 조정값이 기본값으로 되돌려집니다.

**완성파일** sec03-01.mp4

33

**①** 편집 화면에서 편집할 프로젝트를 터치합니다.

**②** 안내선을 어두운 사진 클립에 위치시키고, ⬛[조정]을 터치합니다.

**📱 TIP**

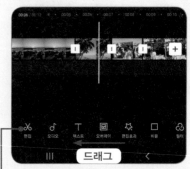

[조정] 도구가 안보이면 도구 메뉴를 왼쪽으로 드래그하면 보이지 않은 도구가 표시됩니다.

**③** [조정] 도구에서 ☀[밝기]를 터치합니다.

**④** 조절점을 오른쪽으로 드래그하여 밝게 조절합니다.

**⑤** ◐[대비]를 터치하여 어두운 부분과 밝은 부분의 강도를 조절하고 ✔[확인]을 터치합니다.

**6** 타임라인에 조정 클립이 삽입된 것을 확인할 수 있습니다.

**7** 흑백 사진으로 표현할 사진 클립을 터치한 다음 ≪를 터치합니다.

**8** 도구 메뉴에서 [조정]을 터치합니다.

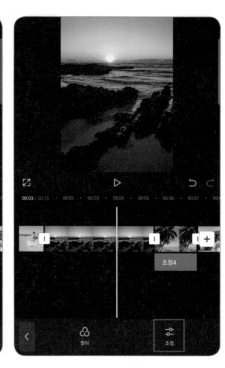

**9** [조정] 도구에서 [채도]를 터치합니다.

**10** 조절점을 왼쪽으로 드래그하여 흑백으로 조정하고 [확인]을 터치합니다.

**TIP**

[재설정]을 터치하면 조정하기 이전의 색감으로 되돌립니다.

필터(Filter)는 이미지에 적용되는 특별한 효과를 말합니다. 사진이나 동영상에 다양한 색조, 조명, 텍스처 등의 효과를 적용하여 사진이나 영상의 색감을 더욱 독특하고 흥미롭게 만들 수 있습니다.

 **TIP**

동영상 클립에도 필터를 적용하여 영상의 분위기를 따뜻하거나 차가운 느낌으로 만들 수 있습니다.

**완성파일** sec03-02.mp4

36

**1** 필터를 적용할 사진 클립을 터치하여 선택합니다.

**2** 도구에서 [필터]를 터치합니다.

**3** [필터]에서 [라이프]를 터치합니다.

**4** [라이프] 필터에서 [IG1] 필터를 터치합니다.

**5** 필터 슬라이드를 드래그하여 필터의 강도를 적당히 조절합니다.

**6** 미리보기 화면을 2초 동안 길게 누르면 원본이 표시되어 필터 적용 전후를 비교할 수 있습니다.

**7** 타임라인을 이동하여 안내선을 필터를 적용할 위치로 이동합니다.

**8** 필터 카테고리를 왼쪽으로 드래그하여 [영화] 필터를 터치합니다.

**9** [영화]에서 원하는 필터를 선택합니다.

**10** 그린 오렌지 필터의 강도를 적당히 조절한 후 ☑[확인]을 터치합니다.

**11** ▷[재생]을 터치하여 결과를 확인합니다.

 **TIP**

⊜[전체 적용]을 터치하면 타임라인에 삽입된 사진 클립이나 동영상 클립 전체에 같은 필터가 적용됩니다.

한걸음
더!

타임라인에 적용한 조정 클립이 보이지 않으면 도구에서 [조정]을 터치하면 보이지 않던 조정 클립이 타임라인에 표시됩니다.

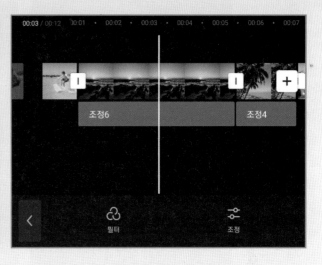

타임라인에서 사진 또는 동영상 클립을 선택하고, 필터나 조정을 설정하면 타임라인에 필터 클립, 조정 클립이 표시되지 않습니다. 사진 또는 동영상 클립을 선택하지 않고 필터나 조정을 설정하면 타임라인에 필터 클립, 조정 클립이 표시됩니다.

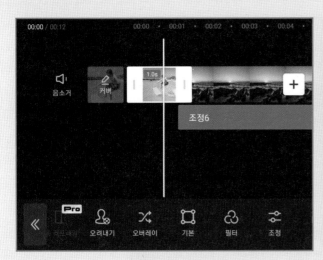

[사진 클립을 선택한 경우]

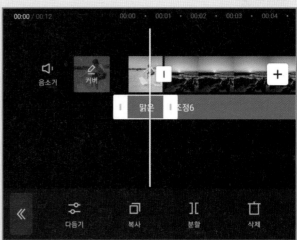

[사진 클립을 선택하지 않은 경우]

완성파일 hon03-01.mp4

① 새로운 프로젝트를 만들어 타임라인에 삽입된 사진의 밝기과 대비를 조절하여 사진을 선명하게 보정해보세요.

② 사진 클립에 [자연]-[풍경] 필터를 적용하고, 적용 전/후를 비교해보세요.

사진에 온도 값을 설정하여 따뜻한 느낌으로 설정하고 비네트 효과를 적용해
보세요.

 사진 클립에 채도와 온도를 설정하여 세피아톤의 이미지를 만들어보세요.

# 역동적인 영상 만들기

○○○》》》

동영상이나 사진에 흔들림, 비네트 등의 효과를 적용하여 영상의 화려함을 표현할 수 있으며, 한 장면에서 다른 장면으로 전환할 때 이전 장면이 사라지면서 새로운 장면이 나타나는 장면전환 효과를 적용하여 보다 완성도 높은 작품을 만들 수 있습니다.

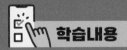 **학습내용**

✔ 사진 클립에 다양한 스타일을 적용하는 방법에 대해 알아봅니다.
✔ 사진이 다른 사진으로 전환할 때 다양한 장면전환을 설정할 수 있습니다.

# 01 편집효과 설정하기

사진이나 동영상 클립에 다양한 편집 효과를 설정할 수 있습니다. 편집 효과의 속도와 분위기의 강도를 조절하여 보다 멋있고, 아름다운 영상을 제작할 수 있습니다.

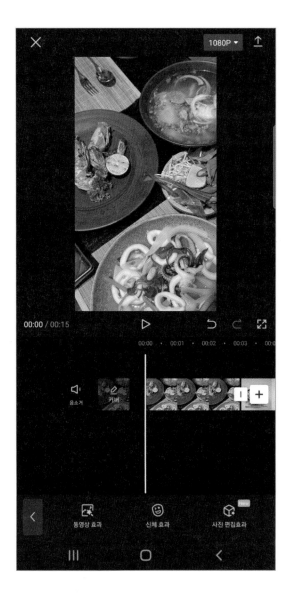

 **TIP**

편집 효과를 설정하면 타임라인에 편집 효과 클립이 삽입됩니다. 삽입한 편집 효과를 터치한 후, [삭제]를 터치하여 삭제할 수 있습니다. 편집 효과에 [PRO]가 표시된 효과는 유료 효과이므로 [PRO] 효과를 적용하려면 유료 계정 결제 후 사용할 수 있습니다.

**완성파일** sec04-01.mp4

**1** 편집 화면에서 ➕[새 프로젝트]를 터치합니다.

**2** [앨범]의 [사진] 탭에서 여러장의 사진을 선택한 다음, [추가]를 터치합니다.

**3** 안내선을 맨 앞에 위치시키고, 도구에서 ⭐[편집효과]를 터치합니다.

**4** 편집효과 도구에서 🖼[동영상효과]를 터치합니다.

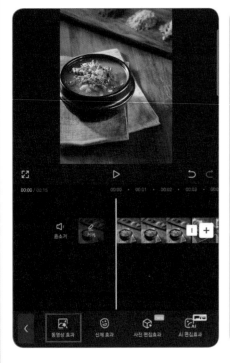

**5** 동영상 효과 메뉴를 왼쪽으로 드래그합니다.

**6** [테두리]를 터치합니다.

**⑦** 테두리 효과에서 [컬러 네온]을 선택하고 ✔[확인]을 터치합니다.

**⑧** 삽입된 [컬러 네온] 클립의 오른쪽 끝을 드래그하여 재생 시간을 조절합니다.

**⑨** 안내선을 맨 앞으로 이동한 다음 ▶[재생]을 눌러 결과를 확인합니다.

 **TIP**

**◉ 편집효과 교체하기**

타임라인에 적용된 편집 효과 클립을 선택한 다음, 도구에서 🖼[편집효과 교체]를 터치하여 다른 효과로 변경할 수 있습니다.

# 02 장면전환 설정하기

장면전환(Transition)은 한 장면에서 다른 장면으로 바뀔 때 부드럽게, 회전, 확대, 축소 등의 변화를 주는 기능으로, 다양한 장면전환 효과를 설정하여 완성도 높은 영상을 만들 수 있습니다.

 **TIP**

장면 전환 삭제 : 장면 전환을 터치하여 선택한 후, 장면 전환 메뉴에서 ◎를 터치합니다.

**완성파일** sec04-02.mp4

**1** 첫 번째 사진 클립과 두 번째 사진 클립 사이의 장면전환 사각형을 터치합니다.

**2** 장면전환 메뉴에서 [트렌딩]의 [들숨]을 터치합니다.

**3** 장면전환 시간을 빠르게 진행하기 위해 조절점을 왼쪽으로 드래그합니다.

**4** 모든 장면전환을 같은 효과로 적용하기 위해 ⊜[전체 적용]을 터치하고 ✔[확인]을 터치합니다.

**5** 타임라인을 오른쪽으로 드래그하여 안내선을 맨 앞으로 이동한 후, ▷[재생]을 누릅니다.

**6** 다음과 같이 사진이 바뀔 때 다이나믹한 효과가 적용되는 것을 확인할 수 있습니다.

# 03 스타일 효과와 애니메이션 적용하기

인물 사진의 입자, 표정, 모션 등의 효과를 설정할 수 있으며, 사진이 나타날 때 다이나믹한 애니메이션 효과를 지정하여 전문적이고 퀄리티가 높은 영상을 만들 수 있습니다.

 **TIP**

**인** : 회전, 쉐이크 다운 등 사진이 서서히 나타납니다.

**아웃** : 외부회전, 페이드 아웃 등 사진이 서서히 사라집니다.

**조합** : 팅기기, 회전 등 애니메이션이 재생되는 구간을 지정하여 다이나믹한 효과를 설정할 수 있습니다.

**완성파일** sec04-03.mp4

**1** 편집 화면에서 ➕[새 프로젝트]를 터치합니다.

**2** [앨범]의 [사진]에서 여러장의 인물 사진을 선택한 다음, [추가]를 터치합니다.

**3** 표정 스타일을 적용할 사진을 선택한 다음, 도구에서 ⬡[스타일]을 터치합니다.

**4** 스타일 메뉴에서 [표정]을 선택합니다.

**5** [표정]의 [보조개 웃음]을 선택한 후 ✔[확인]을 터치합니다.

**6** 첫 번째 사진 클립을 선택한 다음, 도구에서 ▣[애니메이션]을 터치합니다.

**7** [인]을 선택한 다음 [회전U1]을 선택합니다.

**8** 타임라인을 드래그하여 안내선을 두 번째 사진 클립으로 이동합니다.

**9** [인]의 [확대]를 선택합니다.

**10** 같은 방법으로 모든 사진 클립에 애니메이션을 설정하고 ✔[확인]을 터치합니다.

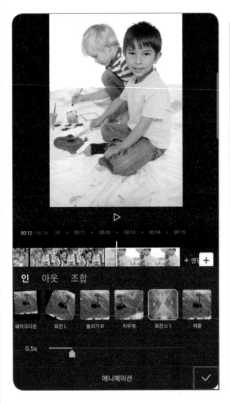

**11** 타임라인에서 첫 번째 사진 클립의 재생 시간을 0.5초 정도로 줄여줍니다.

**12** 모든 사진 클립의 재생 시간을 0.5초로 줄인 다음, ⬆[내보내기]를 터치합니다.

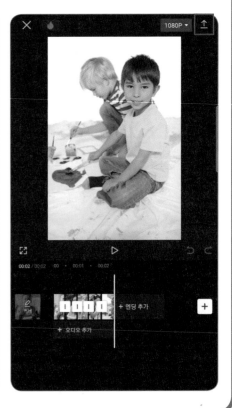

타임라인에 삽입한 클립의 재생 시간을 줄이면 클립을 선택하기 어렵습니다. 이때 타임라인 영역을 두 손가락으로 드래그하여 확대 또는 축소할 수 있습니다.

## 전체 화면으로 동영상 확인하기

미리보기 화면 아래 🔳[전체]를 터치하면 미리보기가 스마트폰 크기로 확대되어 결과를 큰 화면으로 확인할 수 있습니다. 🔳[축소]를 터치하면 이전 화면 상태로 되돌아 갑니다.

**1** 여러장의 사진을 추가하여 사진 클립에 원하는 애니메이션을 설정해보세요.

**완성파일** hon04-01.mp4

**2** 동영상에 [편집효과]-[반짝반짝]에서 '별1' 효과를 설정하고 재생 시간을 영상이 끝나는 시간까지 조절해보세요.

**완성파일** hon04-02.mp4

인물사진을 이용하여 [편집효과]─[사진 편집효과]에서 다음과 같이 AI 그림 효과를 적용해보세요.

**완성파일** hon04─03.mp4

 조합 애니메이션을 적용한 후 내보내기 해보세요.

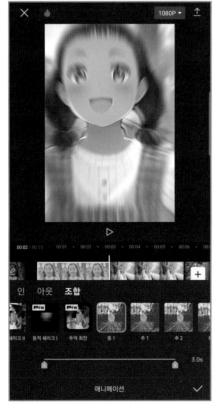

**완성파일** hon04─04.mp4

# 배경음악으로 분위기 업(Up) 시키기

ooo>>>

동영상의 배경음악을 어떤 장르의 음악으로 설정하냐에 따라 영상의 분위기나 느낌이 많이 달라집니다. 적절한 음악을 사용하면 분위기가 더욱 세련되고 동영상을 시청하는 사람에게 강한 감동을 전할 수 있습니다.

## 학습내용

✓ 오디오를 삽입할 수 있습니다.
✓ 오디오를 분할하여 삭제할 수 있습니다.
✓ 비트를 적용하여 강렬한 음악을 만들 수 있습니다.

# 01 배경음악 넣기

배경음악은 장르에 따라 분위가 다른 동영상을 만들 수 있습니다. 배경음악을 삽입할 때에는 저작권이 없거나 해결된 음악을 사용해야 됩니다.

## 📱 TIP

⬛ **분할** : 안내선 위치에서 오디오를 두 개로 나눕니다.

⬛ **희미하게** : 배경음악의 시작과 끝 부분을 자연스럽게 처리할 수 있습니다.

🔊 **볼륨** : 배경음악의 기본 소리를 조절할 수 있습니다.

◉ **음성 효과** : 배경음악의 음향에 신디사이저, 레트로 효과 등을 설정할 수 있습니다.

🗑 **삭제** : 배경음악을 삭제합니다.

🚩 **비트** : 배경음악에 리듬을 설정할 수 있습니다.

**완성파일** sec05-01.mp4

**1** 캡컷 홈 화면에 배경음악을 삽입할 프로젝트를 터치합니다.

**2** 안내선을 타임라인 앞에 위치시킨 다음, 도구에서 [오디오]를 터치합니다.

**3** 오디오 도구에서 [사운드]를 터치합니다.

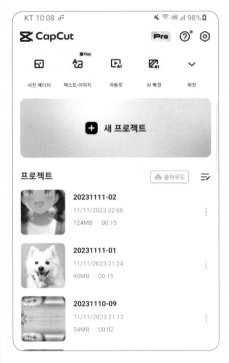

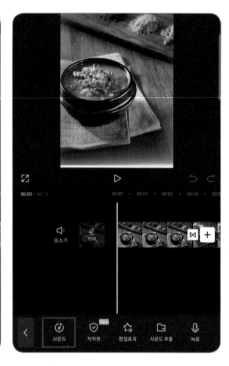

**4** 사운드 장르가 표시되면 [신선]을 선택합니다.

**5** 선택한 장르의 다양한 배경음악에서 원하는 음악을 터치합니다.

**6** 음악 미리듣기가 됩니다. 다시 음악 제목을 터치하면 미리듣기가 중지됩니다.

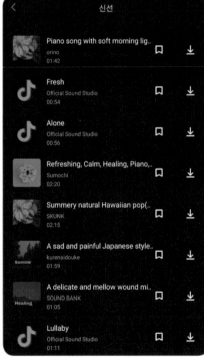

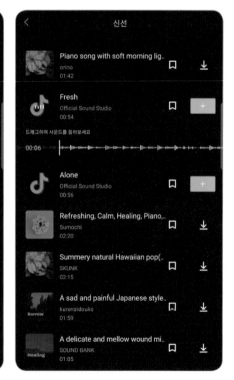

**7** 원하는 음악 제목을 터치하여 ➕[추가]를 터치합니다.

**8** 타임라인에 오디오 클립이 추가됩니다.

**9** 동영상과 오디오 길이를 맞추기 위해 안내선을 사진 클립 맨 뒤로 이동시킵니다.

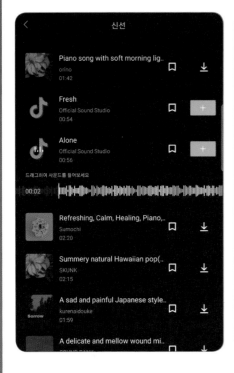

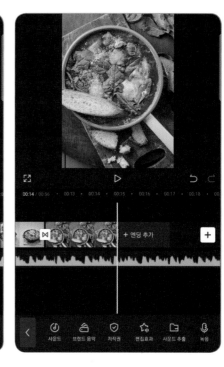

**10** 오디오 클립을 선택한 다음, 도구에서 ▮▮[분할]을 터치합니다.

**11** 안내선 위치에서 오디오 클립이 나뉘어집니다. 오른쪽 오디오 클립이 선택된 상태에서 🗑[삭제]를 터치합니다.

**12** 다음과 같이 오디오가 동영상 길이에 맞게 잘라진 것을 확인할 수 있습니다.

**13** 오디오 시작과 끝을 자연스럽게 하기 위해 오디오 클립을 선택한 다음, **[희미하게]를 터치합니다.

**14** [희미하게] 창에서 페이드 인의 슬라이드 조절점을 1초로 설정합니다.

**15** 이번에는 페이드 아웃의 슬라이드 조절점을 2.5초로 조절한 후, ✓[확인]을 터치합니다.

**16** 타임라인 빈곳을 터치한 다음, 안내선을 맨 앞으로 이동하여 ▶[재생]을 눌러 결과를 확인합니다.

 **TIP**

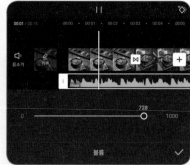

사운드 도구에서 ◁ [볼륨]을 터치하여 배경음악의 기본 볼륨 소리를 조절할 수 있습니다.

# 02 비트로 강렬한 영상 만들기

비트란 음악의 리듬을 말합니다. 배경음악에 강, 약의 리듬을 추가하여 강렬하고 역동적인 음악 표현으로 영상의 흥미를 더욱 높일 수 있습니다.

## TIP

**비트 추가** : 안내선 위치에 비트를 추가합니다.

**비트 삭제** : 안내선에 위치한 비트를 삭제합니다.

**자동 생성** : 배경음악에 맞게 자동으로 비트가 생성됩니다.

**비트1** : 기본 리듬으로 비트를 설정합니다.

**비트2** : 비트의 간격을 좁게 삽입하여 리듬을 강렬하게 표현할 수 있습니다.

**완성파일** sec05-02.mp4

**1** 편집 화면에서 ➕[새 프로젝트]를 터치합니다.

**2** [앨범]의 [사진] 탭에서 여러 장의 사진을 선택한 다음, [추가]를 터치합니다.

**3** [도구]에서 ♪[오디오]를 터치합니다.

**4** 오디오 메뉴에서 ◉[사운드]를 터치합니다.

**5** [사운드] 화면을 왼쪽으로 드래그하여 [POPUP ALBUM] 장르를 터치합니다.

**6** 오디오 목록에서 [Give It to Me Like] 선택한 다음, ➕[추가]를 터치합니다.

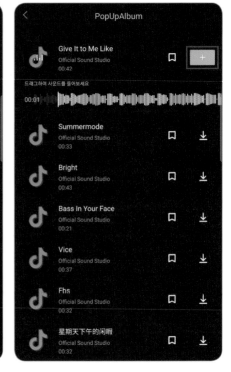

**7** 타임라인에서 오디오 클립을 선택한 다음, 도구에서 🏳[비트]를 터치합니다.

**8** 비트 창에서 [자동 생성]을 터치합니다.

**9** 다음과 같이 비트 추가 창이 나타나면 [비트 추가]를 터치합니다.

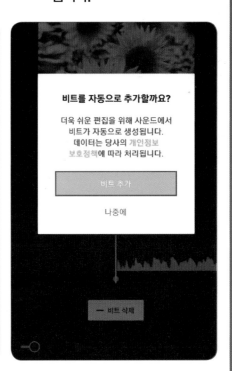

**10** 비트의 빠르기를 조절한 다음, ✔[확인]을 터치합니다.

**11** 안내선을 두 번째 비트 위치로 이동한 다음, 첫 번째 사진 클립을 선택합니다.

**12** 첫 번째 사진의 오른쪽 테두리를 안내선 위치까지 끌어 재생 길이를 줄입니다.

**13** 같은 방법으로 사진 클립 재생 길이를 음악 클립에 표시된 비트에 맞게 조절합니다.

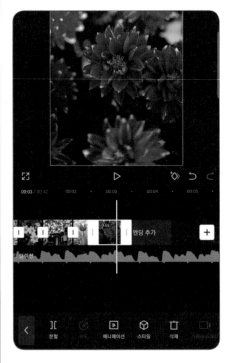

**14** 안내선을 마지막 사진 클립 끝에 맞추고, 오디오 클립을 선택한 후 ▥[분할]을 터치합니다.

**15** 분할된 오디오 클립이 선택된 상태에서 ▥[삭제]를 터치합니다.

**16** 첫 번째 사진과 두 번째 사진 사이의 장면 전환을 터치합니다.

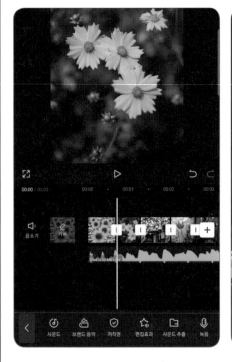

**17** [뒤틀림]을 터치하여 [드롭]을 선택하고 ✔[확인]을 터치합니다.

**18** 첫 번째 사진 클립을 선택한 다음, 도구에서 ▥[애니메이션]을 터치합니다.

**19** [애니메이션]의 [조합]에서 [매끄럽게 확대]를 터치합니다.

**20** 안내선이 두 번째 클립으로 이동되면 [회전]을 터치합니다.

**21** 회전을 빠르게 하기 위해 슬라이드 조절점을 0.5에 맞춥니다.

**22** 같은 방법으로 애니메이션을 설정하고 [확인]을 터치합니다.

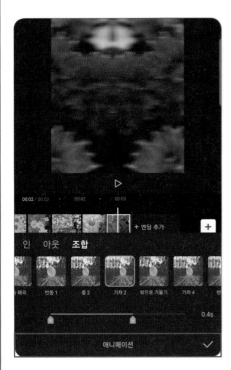

**23** 타임라인 맨 앞으로 안내선을 이동한 후, [재생]을 터치합니다.

**TIP**

애니메이션의 속도를 조절하면 비트에 맞게 빠른 애니메이션으로 강렬한 느낌의 동영상을 만들 수 있습니다.

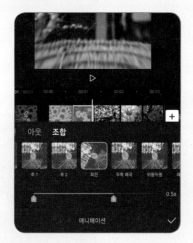

**1** 사진을 이용하여 원하는 음악으로 배경음악을 설정하고, 영상의 길이에 맞게 음악을 잘라보세요.

TIP 사운드 화면을 왼쪽으로 드래그하면 다른 장르의 음악을 삽입할 수 있습니다.

완성파일 hon05-01.mp4

**2** 페이드 인/아웃 효과를 설정하여 배경음악이 자연스럽게 시작하고 끝나도록 설정해보세요.

 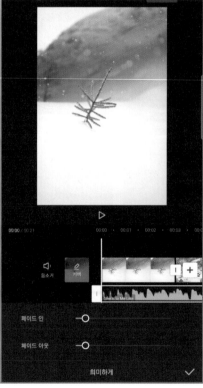

배경음악에 비트를 설정해보세요.

 사진의 편집 효과와 애니메이션을 설정하여 동영상을 완성해보세요.

# 자막 삽입하여
# 세련되게 만들기

○○○》》

동영상에 짧은 문구를 삽입하여 정보 전달이나 감성 등을 전달할 수 있습니다. 텍스트의 글꼴이나 서식을 설정하여 동영상과 어울리는 멋있는 제목을 만들 수 있으며, 음성이 녹음된 동영상에 자동으로 자막을 삽입하는 방법에 대해 알아보겠습니다.

## 학습내용

✓ 영상에 자막을 삽입할 수 있습니다.
✓ 자막의 다양한 서식을 설정할 수 있습니다.
✓ 음성이 녹음된 영상에 자동으로 자막을 삽입할 수 있습니다.

# 텍스트 템플릿으로 제목 삽입하기

캡컷에서 제목, 자막, 여행, 패션 등의 주제로 글꼴 서식을 설정해 놓은 테마를 이용하여 쉽게 영상 자막의 디자인을 꾸밀 수 있습니다.

 **TIP**

텍스트 템플릿의 글꼴 서식은 변경할 수 없습니다.

**완성파일** sec06-01.mp4

**1** 편집 화면에서 ➕[새 프로젝트]를 터치합니다.

**2** [앨범]의 [동영상] 탭에서 자막을 삽입할 영상을 선택하고, [추가]를 터치합니다.

**3** 도구 모음에서 🅣[텍스트]를 터치합니다.

**4** 텍스트 도구에서 🅰[텍스트 템플릿]을 터치합니다.

**5** [제목]을 터치하여 원하는 템플릿을 선택한 다음, ✅[확인]을 터치합니다.

**6** 제목을 수정하기 위해 미리보기 화면에서 텍스트를 터치합니다.

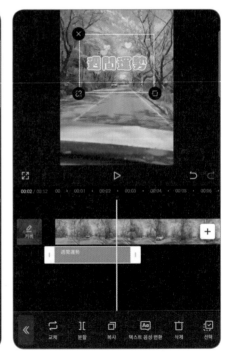

**7** 텍스트 입력란이 나타나면 내용을 수정하고 ☑[확인]을 터치합니다.

**8** 텍스트의 크기 조절 핸들 🔲을 이용하여 텍스트 크기를 조절합니다.

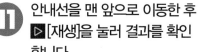

**9** 텍스트 영역을 드래그하여 위치를 이동합니다.

**10** 텍스트 클립의 오른쪽 테두리를 영상 끝까지 드래그하여 재생 시간을 설정합니다.

**11** 안내선을 맨 앞으로 이동한 후 ▶[재생]을 눌러 결과를 확인합니다.

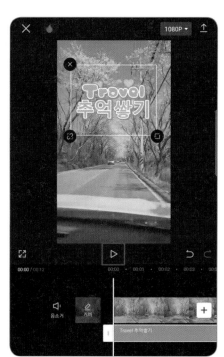

**TIP**

🔁 교체 : 선택한 텍스트 템플릿을 변경할 수 있습니다.

🗑 삭제 : 선택한 텍스트 템플릿을 삭제합니다.

# 텍스트 서식 설정하기

영상에 입력된 자막이 잘 보이도록 글꼴, 글꼴 색, 테두리 색 등을 설정할 수 있으며, 자막의 애니메이션을 지정하여 재미를 더할 수 있습니다.

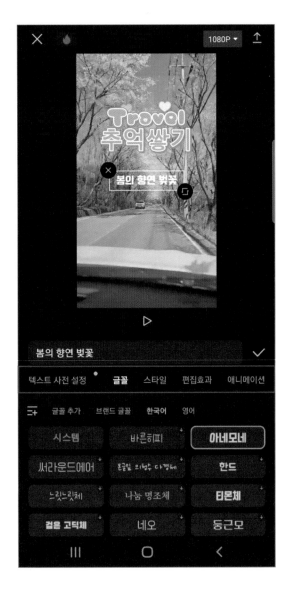

## TIP

**글꼴 :** 자막의 글꼴을 한국어, 영어로 선택하여 변경할 수 있습니다.

**스타일 :** 자막의 테두리, 네온, 배경 등을 설정할 수 있습니다.

**편집 효과 :** 자막의 글꼴, 테두리, 그림자 등의 서식 테마를 적용할 수 있습니다.

**애니메이션 :** 자막이 나타날 때와 사라질 때 움직이는 효과를 지정할 수 있습니다.

**말풍선 :** 자막의 말풍선 디자인을 적용할 수 있습니다.

**완성파일** sec06-02.mp4

**1** 도구에서 A+[텍스트 추가]를 터치합니다.

**2** 자막을 입력하고 ✔[확인]을 터치합니다.

 **TIP**

특정 시간대에 텍스트를 표시하려면 먼저 안내선을 텍스트가 표시될 시간 위치로 이동해야 됩니다.

**3** 서식을 설정하기 위해 도구에서 Aa[스타일]을 터치합니다.

**4** [한국어]를 터치하여 원하는 글꼴을 선택합니다.

**5** [스타일]을 터치한 다음, [텍스트]에서 글꼴 색과 크기를 설정합니다.

**6** 윤곽선을 설정하기 위해 [획]을 선택하고, 윤곽선 색을 선택합니다.

**7** 두께 슬라이드 조절점으로 윤곽선의 두께를 지정하고, ☑[확인]을 터치합니다.

**8** 미리보기 화면에서 텍스트를 드래그하여 위치를 설정합니다.

**9** 텍스트 도구를 왼쪽으로 드래그하여 ◁▷[라스팅 텍스트]를 터치합니다.

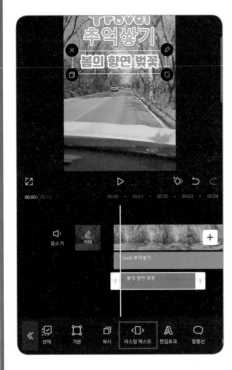

**10** ▶[재생]을 눌러 미리보기를 하면 영상 끝까지 텍스트 클립이 재생된 것을 확인할 수 있습니다.

**11** 도구에서 ◎[애니메이션]을 터치합니다.

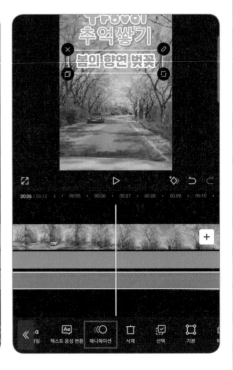

**12** [고리]를 터치하여 원하는 애니메이션을 선택한 후 ✔[확인]을 터치합니다.

**13** 안내선을 맨 앞으로 이동한 후 ▶[재생]을 터치하여 결과를 확인합니다.

 **TIP**

애니메이션의 빠르기 슬라이드 조절점을 이용하여 애니메이션을 빠르게 또는 느리게 설정할 수 있습니다.

---

## 텍스트 음성 변환

자막이 삽입된 영상에서 [Aa][텍스트 음성 변환]을 터치하면 자막이 음성으로 변환되어집니다. 이때 동영상을 재생하면 자막이 음성으로 읽혀집니다.

❶ 자막을 선택한 다음, [Aa][텍스트 음성 변환]을 터치합니다.

❷ [음성 선택]에서 선택한 자막이 한국어이면 [한국어]를 터치하여 음성 유형을 선택한 후 ✔[확인]을 터치합니다.

# 03 자동 캡션으로 자막 넣기

영상에 녹음된 음성을 분석하여 자동으로 자막을 삽입하면 사용자가 직접 영상에 맞추어 자막을 입력하는 것보다 빠르게 자막을 삽입하여 편집 시간을 절약할 수 있습니다.

 **TIP**

자동 캡션으로 영상에 자막을 삽입할 때, 영상에 녹음된 음성이 작게 들리면 음성을 분석하지 못해 자막 삽입이 안될 수 있습니다. 따라서 영상에 녹음된 음성은 크고, 정확하게 녹음하는 것이 좋습니다.

**완성파일** sec06-03.mp4

**1** 편집 화면에서 ➕[새 프로젝트]를 터치합니다.

**2** [동영상] 탭에서 음성이 녹음된 영상을 선택한 다음, [추가]를 터치합니다.

**3** 도구 모음에서 **T**[텍스트]를 터치합니다.

**4** 텍스트 도구에서 🅰[자동 캡션]을 터치합니다.

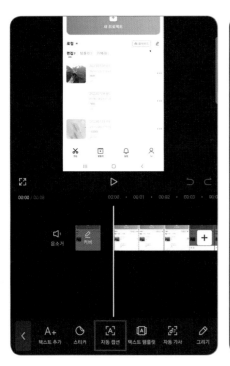

**5** [사운드 소스]에서 [동영상에서]를 선택하고 [시작]을 터치합니다.

**6** 동영상 클립 아래 자동 캡션 클립이 삽입된 것을 확인할 수 있습니다.

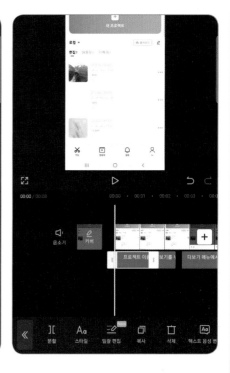

**7** 첫 번째 자막 클립을 선택한 다음, 도구에서 [일괄 편집]을 터치합니다.

**8** 모든 자막을 같은 서식으로 설정하기 위해 [선택]을 터치합니다.

**9** 자막 선택 창에서 '모두 선택'을 터치한 다음 Aa[편집]을 터치합니다.

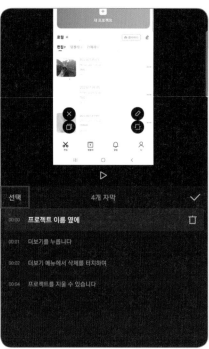

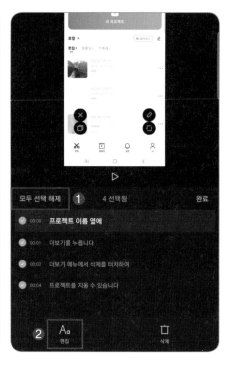

**10** 편집 창에서 [편집 효과]를 선택하고 [트랜딩]을 터치하여 원하는 디자인을 선택합니다.

**11** [글꼴]을 터치하여 원하는 글꼴을 선택합니다.

**12** [스타일]을 터치한 다음, 크기 조절점을 이용하여 크기를 설정합니다.

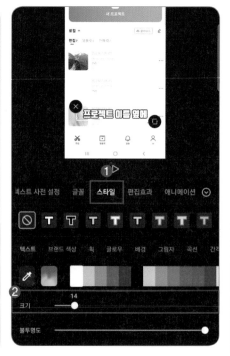

**13** 미리보기 화면에서 자막을 드래그하여 위치를 설정한 후, 스마트폰의 ◁[뒤로]를 터치합니다.

**14** 선택 화면에서 [완료]를 터치합니다.

**15** 자막 목록 창에서 ✔[확인]을 터치한 후, ▷[재생]을 눌러 결과를 확인합니다.

---

### 한걸음 더!

타임라인에서 자동 캡션 자막을 선택한 다음, [스타일]을 터치하여 글꼴이나 서식을 설정할 수 있습니다. 이때 '자동 캡션에 적용'을 선택해야 삽입한 자막에 동일한 서식이 설정됩니다. 만약 '자동 캡션에 적용'을 선택하지 않으면 선택한 자막에만 스타일이 적용됩니다.

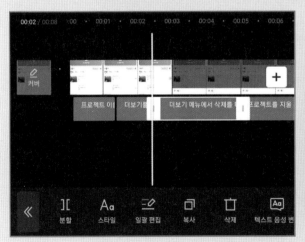

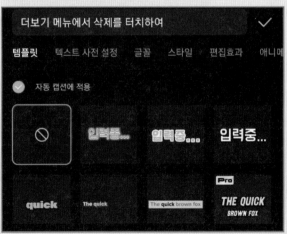

**1** 텍스트 템플릿으로 영상에 제목을 삽입해보세요.

**2** 텍스트 추가로 부제목을 입력한 후 글꼴 서식을 설정해보세요.

**완성파일** hon06-01.mp4

음성이 녹음된 동영상에 자동 캡션으로 자막을 설정해보세요.

 일괄 편집을 이용하여 자막에 말풍선 스타일을 설정해보세요.

**완성파일** hon06-02.mp4

# 스티커 삽입하고 트렌디한 애니메이션 만들기

ᴼᴼᴼ⟩⟩⟩

다양한 이모티콘이나 일러스트 이미지로 감정을 표현할 수 있어 생동감 있게 메시지를 전달할 수 있고, 키프레임으로 텍스트 또는 스티커의 애니메이션을 직접 설정할 수 있습니다.

## 학습내용

✔ 다양한 스티커를 동영상에 삽입할 수 있습니다.
✔ 키프레임으로 스티커를 역동적으로 움직이도록 애니메이션을 설정할 수 있습니다.

# 01 스티커 삽입하기

웃는 얼굴, 슬픈 얼굴, 동물, 음식, 자동차, 비행기 등 다양한 이미지나 아이콘을 영상에 삽입하여 자신의 기분이나 느낌 등을 표현할 수 있습니다.

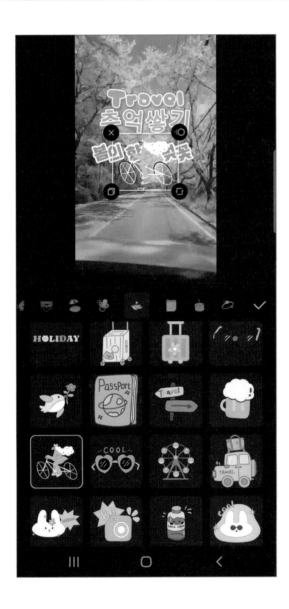

 **TIP**

⊠ **삭제** : 스티커를 삭제합니다.

◉ **애니메이션** : 스티커에 애니메이션을 설정할 수 있습니다.

▣ **복제** : 스터커를 같은 위치에 복제합니다.

⬓ **크기 조절 및 회전** : 스티커의 크기를 조절하거나 회전시킬 수 있습니다.

**완성파일** sec07-01.mp4

**①** 편집 화면에서 스티커를 삽입할 프로젝트를 터치합니다.

**②** 안내선을 타임라인 맨 앞에 위치시킨 다음, 도구에서 [스티커]를 터치합니다.

**TIP**

스티커 도구가 화면에 보이지 않으면 도구를 왼쪽으로 드래그합니다.

**③** [스티커] 도구를 왼쪽으로 드래그하여 ▨을 터치합니다.

**④** 영상에 삽입할 스티커를 선택한 다음, ☑[확인]을 터치합니다.

**⑤** 삽입한 스티커의 좌우 방향을 바꾸기 위해 ▨[미러링]을 터치합니다.

**6** 스티커의  [크기 조절 핸들]을 드래그하여 크기를 줄입니다.

**7** 미리보기 화면에서 스티커를 드래그하여 화면 왼쪽으로 이동시킵니다.

**8** 타임라인에서 스티커의 재생 시간을 영상 끝까지 맞춰줍니다.

**9** ▷ [재생]을 터치하여 결과를 확인합니다.

**한 걸음 더!**

캡컷에서 제공되는 스티커의 종류는 많습니다. 마음에 드는 스티커를 2초 이상 길게 눌러 즐겨찾기에 추가하면 스티커 카테고리 맨 앞에 🔖 [즐겨찾기]에서 빠르게 선택할 수 있습니다.

# 키프레임 설정하기

키프레임을 사용하여 스티커나 텍스트 등의 애니메이션 속도와 방향을 임의로 설정하여 재미 있는 애니메이션을 설정할 수 있습니다.

## TIP

 **추가** : 안내선 위치에 키프레임을 추가 합니다.

**삭제** : 안내선 위치에 키프레임을 삭제 합니다.

**완성파일** sec07-02.mp4

**1** 스티커를 키프레임 시작 위치로 옮기고, 안내선을 타임라인 앞에 위치시킵니다.

**2** 타임라인에서 스티커 클립을 터치한 다음, ◇[추가]를 터치합니다.

**3** 안내선 위치에 키프레임 키가 삽입됩니다.

**4** 타임라인을 왼쪽으로 드래그하여 안내선을 영상 맨 뒤로 이동시킵니다.

**5** ◇[추가]를 터치하여 키프레임 키를 삽입합니다.

**6** 미리보기 화면에서 스티커를 화면 오른쪽으로 드래그하여 이동시킵니다.

**7** ▶[재생]을 터치하면 왼쪽에서 오른쪽으로 이동되는 것을 확인할 수 있습니다.

**8** 안내선을 타임라인 중간으로 이동한 다음, 도구에서 ◪[그래프]를 터치합니다.

**9** 그래프에서 [떨림5]를 선택 후, ☑[확인]을 터치합니다.

**10** ▶[재생]을 터치하면 자전거 스티커가 앞으로 전진하다 뒤로 밀리는 애니메이션이 적용된 것을 확인할 수 있습니다.

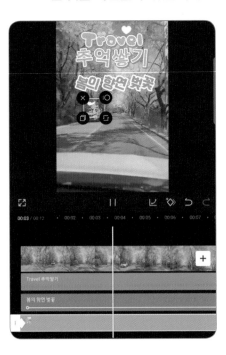

**TIP**

◐ 키 프레임 키 지우기

키프레임이 적용된 키 위치에 안내선을 이동시키면 ◈[추가] 아이콘이 ◈[삭제]로 바뀝니다. 이때 ◈[삭제]를 터치하여 키 프레임의 키를 지울 수 있습니다.

## 키프레임을 이용하여 회전하는 애니메이션 설정하기

❶ 스티커를 애니메이션이 시작되는 위치로 이동한 다음, ◈[추가]를 터치합니다.

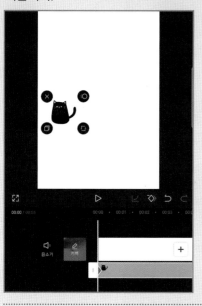

❷ 타임라인을 드래그하여 안내선을 이동시킨 다음, ◈[추가]를 터치합니다.

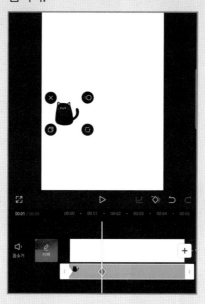

❸ 스티커를 원하는 위치로 이동한 다음, 크기와 각도를 조절합니다.

❹ 타임라인을 드래그하여 안내선을 이동시킨 다음, ◈[추가]를 터치합니다.

❺ 스티커를 원하는 위치로 이동한 다음, 크기와 각도를 조절합니다.

❻ ▶[재생]을 눌러 결과를 확인합니다.

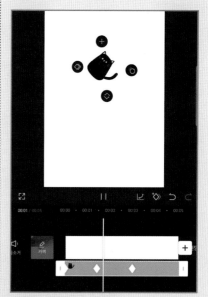

혼자해보기

**1** 영상에 비행기 스티커를 삽입하여 반전시키고, 재생 시간을 영상 끝까지 조절 해보세요.

**2** 비행기가 왼쪽에서 오른쪽으로 움직이는 키프레임을 적용해보세요.

완성파일 hon07-01.mp4

비행기 스티커에 적용된 키프레임에 그래프를 적용하고, [재생]을 눌러 결과를 확인해보세요.

 영상에 텍스트를 삽입하여 키프레임을 자유롭게 설정해보세요.

완성파일 hon07-02.mp4

# 컷(Cut) 편집하기

○○○〉〉〉

스마트폰으로 촬영한 여러 동영상을 하나의 동영상으로 편집하기 위해 동영상의 재생 길이나 구성, 장면 전환, 색상, 소리 등을 수정하고 보완하여 최종 동영상을 제작할 수 있습니다.

## 학습내용

✓ 동영상 클립을 자르기 할 수 있습니다.
✓ 동영상의 배속을 빠르게 설정할 수 있습니다.
✓ 동영상의 오디오를 추출하여 삭제할 수 있습니다.

# 동영상 자르고 삭제하기

촬영한 동영상에 불필요한 특정 구간을 자르고, 삭제하여 동영상의 완성도를 높이고, 더욱 흥미로운 영상을 만들 수 있습니다.

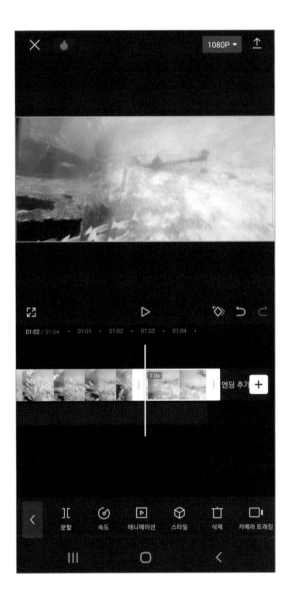

**TIP**

컷(Cut) 편집이란 영상이나 영화를 만들 때 사용되는 편집기법으로, 영상을 자르고 삭제하고 서로 연결해서 하나의 영상을 만드는 것을 말합니다. 동영상 분할은 안내선 위치에서 두 개로 나뉘어집니다.

**완성파일** sec08-01.mp4

**①** 편집 화면에서 ➕[새 프로젝트]를 터치합니다.

**②** [앨범]의 [동영상]에서 편집할 영상을 선택한 다음, [추가]를 터치합니다.

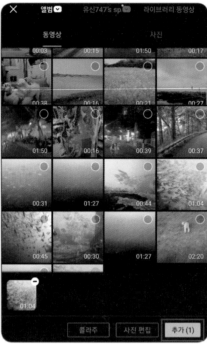

**③** 동영상 클립을 분할할 위치로 안내선을 이동시킵니다.

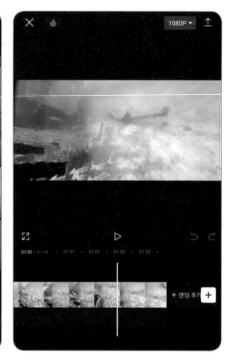

**④** 동영상 클립을 선택한 다음, 도구에서 ✂[분할]을 터치합니다.

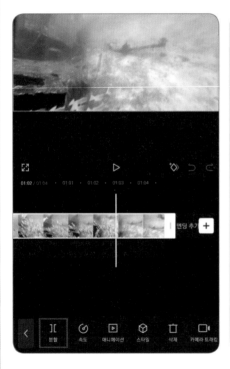

**⑤** 나뉘어진 오른쪽 동영상 클립이 선택된 상태에서 🗑[삭제]를 터치합니다.

**⑥** 전체 영상에서 분할된 영상이 삭제된 것을 확인할 수 있습니다.

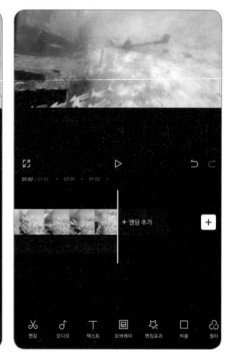

# 동영상 속도 조절하기

동영상을 재생할 때에는 기본적으로 1배속으로 재생됩니다. 이는 동영상을 제작할 때의 속도와 동일합니다. 이때 동영상의 속도를 조절하여 재생 속도를 더 빠르게 하면 하이퍼랩스 효과, 느리게 하면 슬로우모션 효과를 낼 수 있습니다.

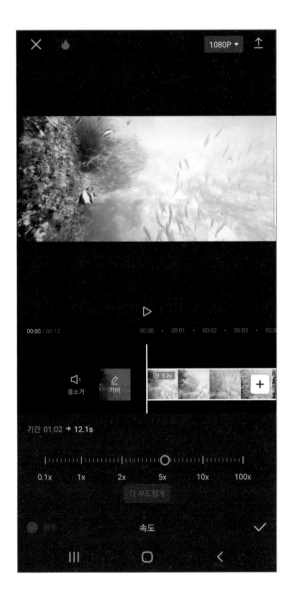

 **TIP**

캡컷에서는 동영상의 속도를 최소 0.1배속부터 최대 100배속까지 설정할 수 있습니다.

**완성파일** sec08-02.mp4

**1** 동영상 클립을 선택한 다음, [속도]를 터치합니다.

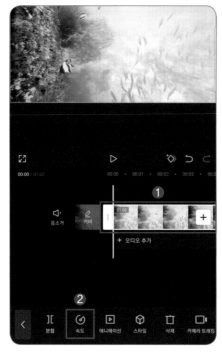

**2** 속도 도구에서 [일반]을 터치합니다.

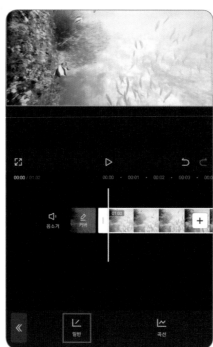

**3** 조절점을 '5x'로 드래그한 다음, [확인]을 터치합니다.

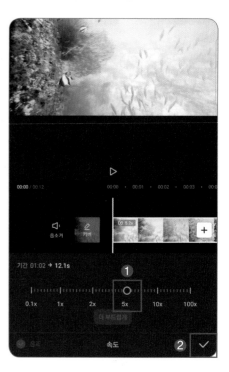

**4** 안내선을 맨 앞으로 이동한 다음, [재생]을 터치합니다.

**5** 영상의 속도가 빠르게 재생되는 것을 확인할 수 있습니다.

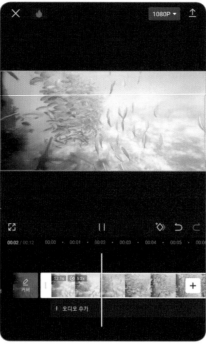

**TIP**

동영상 속도를 빠르게 설정하면 촬영할 때 같이 녹음된 오디오도 빠르게 재생됩니다.

# 03 오디오 추출과 사운드 추출하기

외부에서 영상을 촬영할 때 외부 소음이 영상에 같이 녹음되어 집중도를 떨어뜨릴 수 있으며, 동영상의 속도를 조절하면 같이 녹음된 오디오도 느려지거나 빨라지게 됩니다. 이때는 해당 영상에서 녹음된 음원을 추출하여 소리 없는 동영상을 제작할 수 있습니다. 또한 다른 영상의 사운드를 추출하여 편집하는 오디오에 추가할 수도 있습니다.

 **TIP**

영상에서 오디오를 추출하면 영상에 녹음된 오디오가 추출되어 오디오 클립으로 추가됩니다.

**완성파일** sec08-03.mp4

95

**1** 동영상의 오디오를 삭제하기 위해 동영상 클립을 선택합니다.

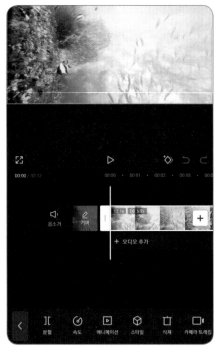

**2** 도구를 왼쪽으로 드래그하여 [오디오 추출]을 터치합니다.

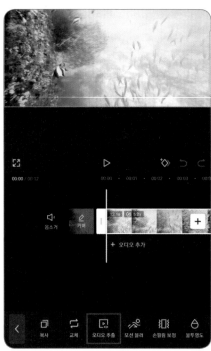

**3** 추출된 오디오 클립을 터치한 다음, [삭제]를 터치합니다.

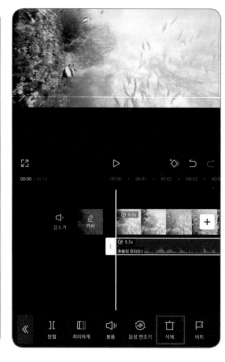

**4** [재생]을 터치하면 동영상에 녹음된 음원이 들리지 않는 것을 볼 수 있습니다.

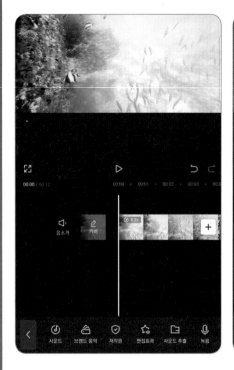

**5** 다른 영상에 사운드를 가져오기 위해 도구에서 [사운드 추출]을 터치합니다.

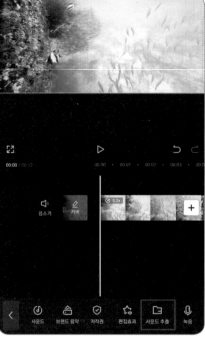

**6** 음악이 녹음된 영상을 선택하고, [사운드만 가져오기]를 터치합니다.

**7** 오디오 클립이 추가되면 ▷[재생]을 터치하여 결과를 확인합니다.

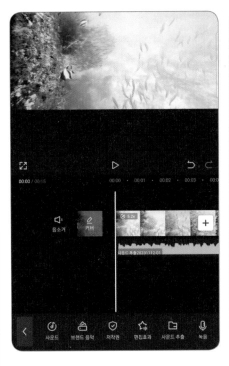

**8** 타임라인에서 오디오 클립을 선택한 다음, ▥[희미하게]를 터치합니다.

**9** [희미하게] 창에서 페이드인과 페이드 아웃을 설정하고, ✓[확인]을 터치합니다.

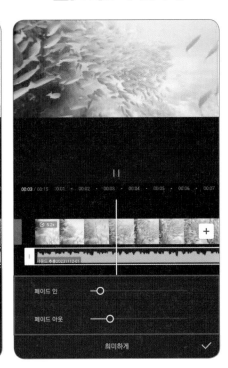

**10** 안내선을 영상 맨 뒤로 이동 시킨 다음, ▯[분할]을 터치합니다.

**11** 삭제할 오디오 클립을 누른 후, 삭제를 터치합니다. ▷[재생]으로 확인합니다.

**TIP**

**○ 추출한 오디오 복원**

추출한 오디오를 삭제한 경우, 동영상 클립을 선택한 후 도구에서 ▣[오디오 복구]를 터치하면 삭제한 오디오를 복구할 수 있습니다.

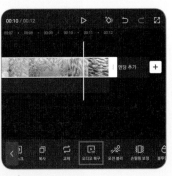

① 동영상 촬영한 영상에 필요 없는 구간을 분할하여 삭제해보세요.

**완성파일** hon08-01.mp4

② 동영상의 속도를 5배속으로 변경해보세요.

**완성파일** hon08-02.mp4

영상에서 오디오를 추출하여 삭제해보세요.

**완성파일** hon08-03.mp4

 사운드 추출로 다른 영상의 음악을 추출하여 오디오에 추가해보세요.

**완성파일** hon08-04.mp4

# 오버레이와 크로마키 활용하기

ооо>>>

영상편집에서 오버레이(Overlay)는 사진, 동영상, 텍스트 등을 다른 영상에 덧붙여서 하나의 영상으로 만드는 기능으로, 특정 영상이나 장면을 부각시키거나 확대하여 더욱 흥미로운 영상을 제작할 수 있습니다.

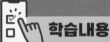 **학습내용**

✔ 오버레이로 두 개의 영상을 하나로 합성할 수 있습니다.
✔ 크로마키 기능으로 역동적인 동영상을 만들 수 있습니다.

# 3D 입체 영상 만들기

오버레이로 추가한 영상이나 사진, 텍스트 등에 애니메이션 효과를 더해 전문적인 화면 효과를 구현할 수 있으며, 삽입한 이미지나 영상의 편집 기능으로 원하는 비율로 크기를 자르기 하여 영상에 삽입할 수도 있습니다.

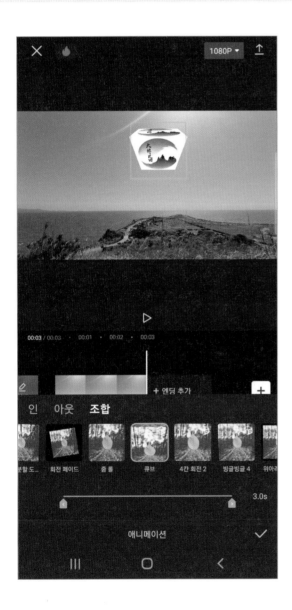

 **TIP**

오버레이 : 이미지, 텍스트, 그래픽 등을 원본 영상 위에 겹쳐서 추가하는 영상 편집 기법입니다.

**완성파일** sec09-01.mp4

**1** 편집 화면에서 ➕[새 프로젝트]를 터치합니다.

**2** [앨범]의 [사진]에서 원하는 사진을 선택하고, [추가]를 터치합니다.

**3** 도구에서 🔲[오버레이]를 터치합니다.

**4** 오버레이 도구에서 ➕[PIP 추가]를 터치합니다.

**5** 합성할 사진을 선택하고, [추가]를 터치합니다.

**6** 타임라인에 추가된 오버레이 클립이 선택된 상태에서 🔲[편집]을 터치합니다.

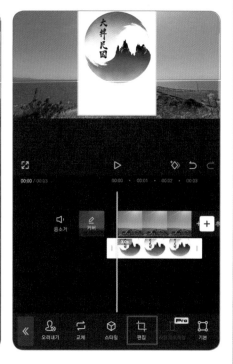

**7** 편집 도구에서 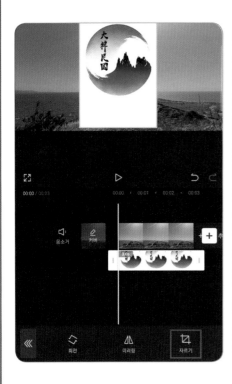[자르기]를 터치합니다.

**8** '1:1'을 선택하고, 화면을 드래그하여 피사체를 가운데 맞춘 후 ✔[확인]을 터치하여 사진을 자릅니다.

**9** 두 손가락으로 사진의 크기를 조절합니다.

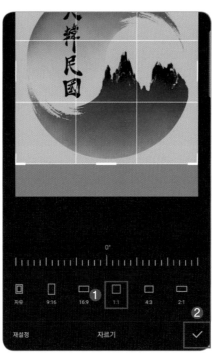

**10** 원하는 위치로 이동시키고 《《를 눌러 상위 메뉴로 이동합니다.

**11** 도구에서 ▶[애니메이션]을 터치합니다.

**12** [조합]에 [큐브4]를 선택하고 ✔[확인]을 터치한 후 결과를 확인합니다.

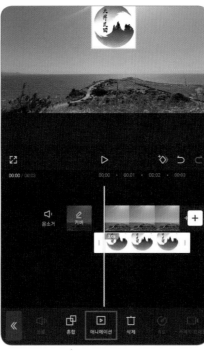

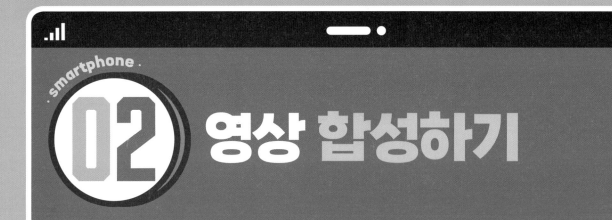

# 02 영상 합성하기

텍스트의 글꼴 색이나, 영상의 배경색을 녹색으로 설정하고, 그 녹색 배경을 제거한 후 새로운 배경을 넣어 합성하는 것을 크로마키라고 합니다. 크로마키를 이용하면 텍스트 안으로 들어가는 재미있는 영상을 만들 수 있습니다.

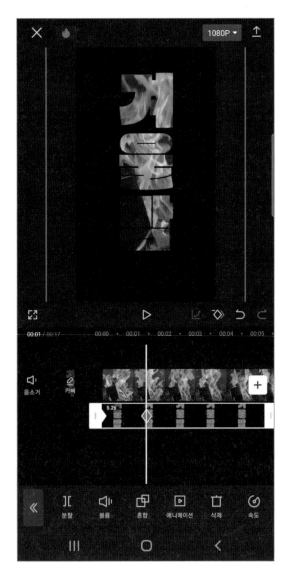

 **TIP**

👤 배경 제거 : 삽입한 사진이나 영상의 배경을 제거할 수 있습니다.

✂️ 맞춤형 오려내기 : 원하는 일부분만 오려내기 할 수 있습니다.

**완성파일** sec09-02.mp4

**1** 편집 화면에서 ➕[새 프로젝트]를 터치합니다.

**2** [앨범] 화면에서 [라이브러리 동영상] 탭을 터치합니다.

**3** [라이브러리 동영상] 화면에서 [배경]을 선택한 다음, 검정 배경을 선택한 후 [추가]를 터치합니다.

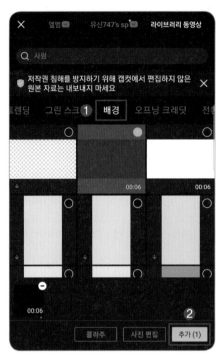

**4** 도구에서 ⬜[비율]을 터치합니다.

**5** 비율 도구에서 '9:16'을 선택하고, ✅[확인]을 터치합니다.

**6** 도구에서 🅣[텍스트]를 터치합니다.

**7** 도구에서 A+[텍스트 추가]를 터치합니다.

**8** 텍스트 입력란에 내용을 입력하고, ✓[확인]을 터치합니다.

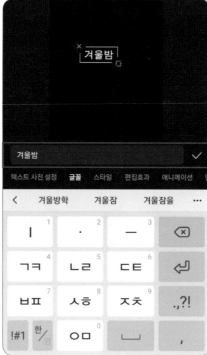

**9** [글꼴] 목록에서 굵은 글꼴을 선택합니다.

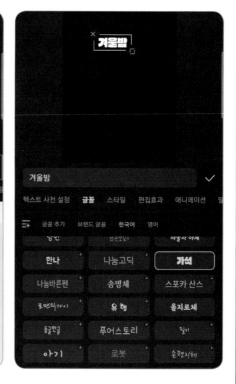

**10** [스타일]을 터치하여 텍스트 색을 녹색을 선택하고, 크기를 조절합니다.

**11** [간격]을 터치합니다. ⫼를 터치하여 세로 방향으로 바꿉니다.

**12** 텍스트를 미리보기 화면 가운데 위치시키고 ✓[확인]을 터치합니다.

**13** 텍스트 재생시간을 배경 끝까지 조절하고 ⬆[내보내기]를 터치합니다.

**14** 내보내기가 끝나면 [완료]를 터치합니다.

**15** 편집 화면에서 ➕[새 프로젝트]를 터치합니다.

**16** [앨범] 화면의 [동영상] 탭에서 영상을 선택하고, [추가]를 터치합니다.

**17** 도구에서 🔲[오버레이]를 터치합니다.

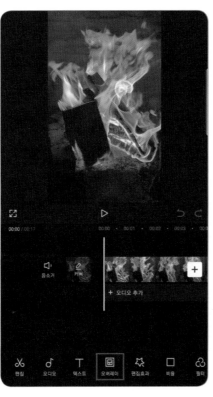

**18** 도구에서 ➕[PIP 추가]를 터치합니다.

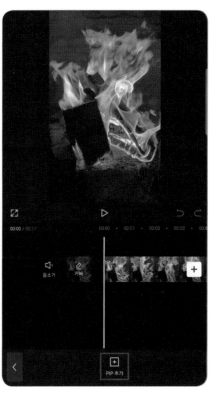

**19** 조금 전 내보내기한 텍스트 영상을 선택한 다음, [추가]를 터치합니다.

**20** 오버레이로 추가한 사진의 크기를 화면에 맞추고, [오려내기]를 터치합니다.

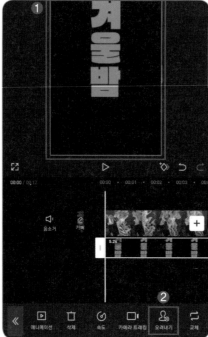

**21** 도구에서 [크로마키]를 터치합니다.

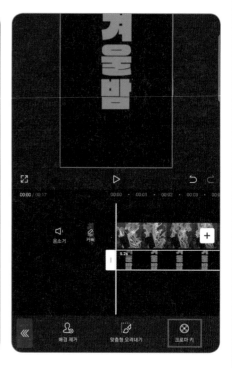

**22** 미리보기에 표시된 원을 녹색 영역으로 이동한 다음, [채도]를 터치합니다.

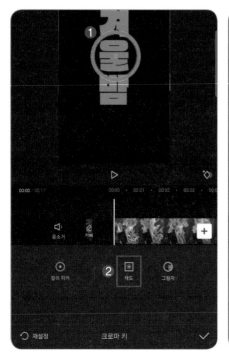

**23** 채도의 조절점을 드래그하여 맞추고, [그림자]를 터치합니다.

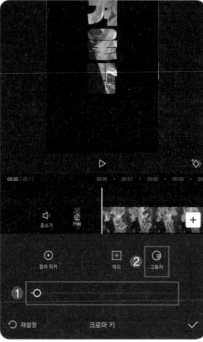

**24** 그림자의 조절점을 적당히 조절한 다음, [확인]을 터치합니다.

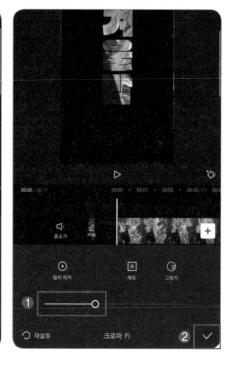

**25** 안내선을 맨 앞에 위치시키고, ◇[키프레임 추가]를 터치합니다.

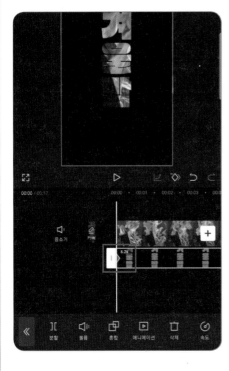

**26** 안내선을 이동한 다음, 키프레임을 추가하고 텍스트 화면을 키웁니다.

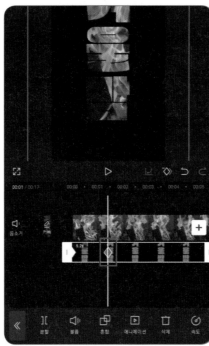

**27** 다시 안내선을 이동한 다음, 키프레임을 추가하고 텍스트 화면을 키웁니다.

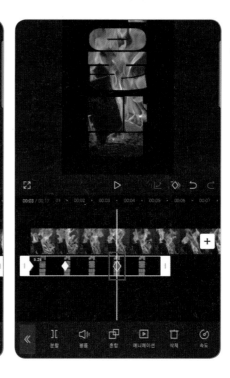

**28** 같은 방법을 반복하여 키프레임을 모두 삽입합니다.

**29** 안내선을 맨 앞으로 이동한 다음, ▷[재생]을 눌러 결과를 확인합니다.

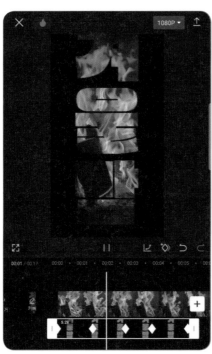

**TIP**

키프레임이 안 보이면 타임라인 빈 곳을 터치한 후, 텍스트 영상 클립을 터치합니다.

**1** 오버레이 기능으로 두 개의 이미지를 합성하고, 이미지를 잘라보세요.

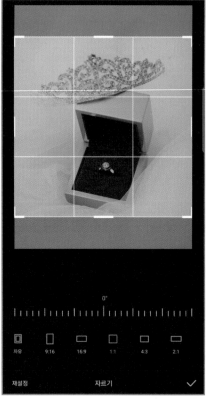

**2** 오버레이 클립에 마법 큐브1 애니메이션을 설정하여 영상을 완성해보세요.

완성파일 hon09-01.mp4

새프로젝트의 16:9 비율로 다음과 같이 텍스트를 영상을 내보내기하세요.

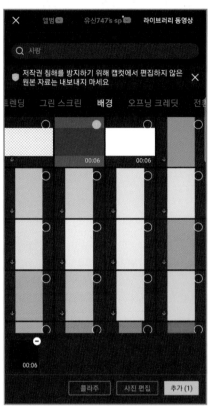

 크로마키 기능을 이용하여 글씨 사이로 영상이 확대되는 동영상을 만들어 보세요.

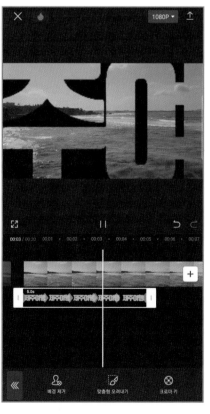

# Start Up 시리즈

Start Up 시리즈는 유튜브, 인스타그램, 블로그, 페이스북, 트위터 등 다양한 플랫폼을 통해 누구나 콘텐츠를 제작하여 유통할 수 있는 시대에 맞춰 고객의 니즈를 파악하여 제작한 교재입니다. 더불어 많은 수익창출로 새로운 1인 창업의 기회가 되고, 1인 크리에이터로 제대로 된 기획, 제작, 마케팅, 수익 창출을 위한 내용을 수록하였습니다.

**스마트폰으로
유튜브 크리에이터 되기**

남시언 | 19,500원 | 288쪽

**인스타그램으로
SNS 크리에이터 되기**

남시언 | 15,000원 | 228쪽

**아보느의
홈페이지형 블로그 만들기**

윤호찬 | 15,000원 | 260쪽

**집에서 10억 버는 카페24 쇼핑몰
제작하기 (유튜브 동영상 강좌 제공)**

박길현 | 23,000원 | 432쪽

**현직 줌(ZOOM) 강사가
알려주는 하루 만에 ZOOM
으로 프로 강사되기**

김가현 | 9,000원 | 80쪽

**돈버는 SNS 콘텐츠 만들기
with 미리캔버스**

박정 | 16,000원 | 226쪽

**2시간만에
유튜브 크리에이터 되기**

허지영 | 9,000원 | 93쪽

**블로그 글쓰기
나만의 콘텐츠로 성공하기**

남시언 | 15,000원 | 282쪽

**엄마와 아이가 함께 하는
스마트폰으로 이모티콘
작가 되기**

임희빈 | 16,000원 | 208쪽

**숏폼 영상 편집
3일 만에 마스터하기
with 캡컷(Capcut)**

김근아 | 14,000원 | 140쪽

**누구나 쉽게
디자인으로 돈 벌게 해주는
캔바(Canva)**

이은희 | 20,000원 | 276쪽

**쇼핑몰 창업 AtoZ
카페24 무료 온라인 쇼핑몰
만들기**

고은희 | 21,000원 | 304쪽